Erinnerungen an Lesbos
im Jahr 2020.

Gino Pacifico

SAPPHO UND DAS BLUT DES FLÜCHTLINGS

Gedichte in deutscher Übersetzung
von Christian Leeck

istolé

Gino Pacifico:
Sappho und das Blut des Flüchtlings.
Gedichte in deutscher Übersetzung von Christian Leeck

ISBN: 978-3-910347-02-1
ISBN E-Book (EPUB): 978-3-910347-03-8

Umschlaggestaltung: Marta Bosso, AKRES Publishing
Schrifttypen: Linux Libertine by SIL Open Font License 1.1, Fira Sans by SIL Open Font License 1.1, Rodetta Rossie by Brandsemut Nr. 2403 (Marta Bosso Project)

Druck und Bindung: Vogel digital, 79263 Simonswald; BoD GmbH, 22848 Norderstedt

Verlag: istolé Belletristik, ein Imprint bei AKRES Publishing
Remscheider Straße 45, D-42369 Wuppertal
Tel.: 0049 (0)202 5198830, Telefax: 0049 (0)202 2447651
E-Mail: info@akres-publishing.com

Besuchen Sie uns im Internet: www.akres-publishing.com

Bibliographische Information der Deutschen Nationalbibliothek
Die Deutsche Nationalbibliothek verzeichnet diese Publikation in der Deutschen Nationalbibliografie; detaillierte bibliografische Angaben sind über http://dnb.ddb.de abrufbar.

„Der Mond ist hingesunken
und mit ihm die Plejaden mitten
in der Nacht. Es vergeht die Jugend.
Und nun muss ich alleine schlafen."

(Sappho, in der Übersetzung nach Quasimodo)

Inhaltsverzeichnis

Vorwort

Einem zufälligen Umstand im Jahr 2017 habe ich die Freundschaft mit dem in Monheim wirkenden Lehrer und Dichter Gino Pacifico zu verdanken. Als wir uns kennenlernten, fühlten wir uns auf Anhieb durch das Band unserer Zuwanderungsgeschichte vereint.

Als Sohn einer Gastarbeiterin aus Sizilien wuchs ich unter der italienischen Bevölkerung des bergischen Dreistädteecks auf und erlebte nicht nur in meiner Jugend tagtäglich, was es bedeutet, zwischen zwei Kulturen, zwei Sprachen, zwei Lebenseinstellungen, zwei Sehnsüchten zu leben. Die Kraft der Lyrik, die sich dank der in freien Rhythmen verfassten Gedichte von Gino Pacifico auf mich entfaltete, half mir, meine Identität aus der Sicht meiner Elterngeneration zu erfassen.

Im Jahr 2021 bot mir Gino Pacifico an, sein dichterisches Lebenswerk als Anthologie in deutscher Sprache herauszugeben. Zu der Zeit verarbeitete er in seiner Lyrik die großen gesellschaftlichen Themen der 2010er und 2020er Jahre, zu denen auch das Flüchtlingsdrama auf Lesbos gehört. Vielfältig in der Tat sind die sinnlichen Eindrücke seiner Gedichte auf den Leser. Ein bunter Strauß an frühlingshaften Tulpen, ein Mix aus sommerlichen Meeresbrisen und Zikadengesang, ein winterlicher Schneehauch auf den Dächern eines süditalienischen Bergdorfes, ein bunter Fang eines Fischers an einem besonnten Septembermorgen. Gino Pacificos Gedichte sind ein aufrechter Reisebegleiter, den es unabhängig von Kalender, Sprache und Biographie mitzuführen lohnt.

Möge der Leser großes Vergnügen und merkliche Berührung an dieser Reise durch Gino Pacificos Lyrik verspüren.

Christian Leeck

Blick in die 2020er

Das Erwachen von Sappho

Verängstigte Kinder im grellen Rot
des tobenden Feuers herumlaufen,
Jungs und Mädchen, die böse schreien,
Frauen, die verzweifelt weinen,
auf der Suche nach ihren vermissten Kindern.
Bleche und Zelte ungestüm wie ein Scheiterhaufen
in diesem chaotischen Flüchtlingslager brennen.
Das stetige, herbe Knallen
dieser brennenden und wütenden Höllenluft
nach 26 Jahrhunderten eine Urdichterin
aus tiefem Schlaf erweckt.
Es ist Sappho. Immer noch verwirrt
vom plötzlichen Erwachen,
schockiert von diesem immensen Gewirre,
ruft sie ihre Göttin an
und fragt betreten:
„O Aphrodite, was passiert auf meiner Insel!
Wird sie von Tyrannen getrübt, die um Befehlsgewalt ringen?“
Hinzu fügt Sie dann:
„O Muse, ist es eine persische Invasion,
die mein geliebtes Lesbos in Brand gesetzt hat?
Erhabene Schönheit, Darstellerin der Liebe,
der so sehr von mir gelobten, ich fordere dich auf...
vom Olymp komm hinunter,
bevor es zu spät ist... befreie die Insel von dieser Hölle!“
Die gefeierte Göttin repliziert und erklärt,
weder kämpfen Tyrannen um die Insel,
noch wollen Perser sie erobern,
Tausende von Menschen aus

aller Welt strömen nach Lesbos.
Thanatos hat sie
vom Jahrtausende währenden Schlaf geweckt,
um dieses traurige, grausame Ereignis
zu sehen und Mitleid zu empfinden.
Denn ihre brennende Insel
in gewaltiges Chaos versunken ist.
An diesem zerstörten Ort angelangt,
fragte Sappho die Göttin:
„Wo ist der Thiasos,
an dem ich vor vielen Jahrhunderten
meinen Schülermädchen Liebe beibrachte?
Liebe, die ich mit Oden deklamierte,
mit dem Klang der Leier emporbrachte,
mit dem sinnlichen Tanz
der jungen Mädchen vervollkommnete?"
Nun sind sogar Olivenhaine, die einst
Frieden und Gelassenheit ausstrahlten,
von Müllbergen zerstört,
von verzweifelten Menschen aufgesucht, die Schutz suchen
vor der sengenden Sonne und der Feuchtigkeit der Nacht.
Die Mohnfelder, mit Blick auf den Horizont,
genießen nicht mehr die Annehmlichkeit des Azurs
und des Smaragds des Meeres,
wo einst die Venus sanft auf ihrem Wasser lag, und ihre Grazie
vom Sonnenlicht mit sinnlichen Küssen berührt wurd'.
Auf diesem Meer, nun eine Barriere, treiben Leichen,
auf seinen Wellen gleiten Lastkähne
voller verzweifelter Menschen mühevoll nach Europa.
Von schmutzigen, abgenutzten „Masken" benebelt,
versuchen Flüchtlinge

die tödlichen Angriffe eines Virus abzuwehren,
eines unsichtbaren Feindes, der in großen Zahlen
hierher geströmt kam.
Dank des Menschen
ist die ganze Erdkruste voll davon.
Wie ein Mähdrescher dieser nun
viele Menschenleben dahinrafft,
sie aberntet, vernichtet, tötet.
In Unkenntnis von alledem wurd' Sappho,
bald nach ihrem Aufwachen,
gewarnt von der Göttin der Liebe.
Bei der Überraschung der Nachricht
nahm Bestürzung sie in Besitz.
Sappho, bei vollem Bewusstsein,
sieht die Hektik auf ihrer Insel,
die so erschöpft wie die Schiffbrüchigen riskiert,
vom Meer verschlungen zu werden.
Einst, in der Harmonie dieses Ortes, umgeben von Mädchen,
bereicherte sie den Lauf der Zeit mit ihren Versen,
veredelte die Idylle auf ihrer paradiesischen Insel.
Der Duft, getragen von der Meeresbrise,
umhüllte feierlich ihr edles und bezauberndes Gefühl.
Die berauschten Seelen, von diesem Duft
intensiv gestreichelt,
erlebten größten Genuss.
In diesem Aufruhr aber
wird sie von tiefem Leid beherrscht:
„Oh weh! Die Harmonie auf dieser Insel wird
gebrochen von den ‚armen Barbaren', die hier
Freiheit und Würde suchen,
solche, die fast nie gewährt wird.

Mein sanftes Meer hat der schändliche Poseidon
für Tausende von Menschen, die es überqueren,
überall verschlossen. Ein Bedauern!“
In dieser widrigen Realität des 21. Jahrhunderts wandert Sappho,
erleuchtet nach ihrem Erwachen,
unter den Menschen, streichelt
verlorene Kinder und hilft hier und dort,
appelliert an das Europa, das nur zuschaut:
„Du, Europa, Erbe meiner hellenischen Zivilisation,
sei nicht taub gegenüber dem verzweifelten Ruf
von Zehntausenden! Dein Handeln ist gefragt!
Es ist Zeit, richtig zu handeln!
Euch Europäer flehe ich an, nehmt sie auf!
Schenkt ihnen Gastfreundschaft!
Auch euer Christus verlangt es!“
Die Ermahnung der Sappho wiederholt sich:
„Worauf wartet Ihr! Vielleicht wartet Ihr
auf die Erpressung eines Despoten
aus dem nahegelegenen Kleinasien,
der euch früher oder später mehrere Millionen
Flüchtlinge schickt, die trostlos schon an den Grenzen Europas
stehen und warten, dass sie gegen große Lösegeldsummen
freigelassen werden, um eure Küsten zu bevölkern?
O Europäer, vereinigt euch,
eure Rettung steht kurz bevor! Eure Spaltungen
zerreißen Europa und schwellen die Brust
von Nationalisten und Populisten.
Es ist eine Aberration! Handelt deshalb, weil unter euch
zahlreiche Menschen,
mit einem großzügigen Herzen, bereit sind, zu helfen.
Die Größe Europas besteht in der Einheit

zum Wohle aller."
Diese Mahnworte spricht Sappho verbittert, sie weiß,
dass nicht ihr diese Gegenwart gehört.
Bevor zum Grab sie zurückkehrt,
um in die ersehnte Ewigkeit zu entschwinden,
geht sie zum Olymp,
zu den Göttern für die Menschen sie fleht.
Bei ihrem nächsten Erwachen, falls sie jemals erwacht,
will die Dichterin ein geeintes Europa sehen.
Ghettos will sie abbauen und aufnehmen
diese armen Geschöpfe mit Achtung
auf dem Kontinent.
Die Würde ist unverletzbar, unantastbar!
Vermeiden wir die Xenophobie
europäischer Herrscher, die Hass verbreitet!
Lasst uns vermeiden, Menschen abzulehnen und sie
in neue und elende Lager zu sperren,
unter dem Vorwand des Coronavirus,
das sich dennoch ausbreitet. Die Nachkommen der Sappho-Kultur
zögern noch immer, diesen Migranten zu helfen,
die vereint durch Hunger und Verzweiflung
mit ihren hilflosen Kindern und in Begleitung des Todes
die Grenzen überschreiten, während ein geteiltes Europa
in diesem Drama apathisch zuschaut.

Vorsicht, ein unerwartetes Ende!

„Nie hätt' ich gedacht, dass ein Virus so unsichtbar,
das sich vergnügt tragen lässt auf der Bahre,
auf dem Haupt eine Krone trägt und
mit Anmaßung und Bosheit die Welt regiert."
So sprach ganz arglos ein Junge,
während er die Türme einer Sandburg errichtete,
an den Ufern eines glänzenden und jauchzenden Meeres.
Durch den Menschen das Virus wird bekämpft.
Die Welt reagiert, beugt sich nicht vor dieser Erpressung.
Und wehrt sich, rebelliert, versucht zu verhindern,
dass sie der Mutter Natur beraubt wird.
Bis wann werden dieses Recht wir uns anmaßen?
Die Natur steht nicht hinter uns, sie rächt sich.
Ohne Halt, Fluten an jedem Ort, Trockenheit und Tod
sie uns nun beschert.
Das Leben unmöglich in der Tierwelt, auch in der Pflanzenwelt.
Der Denar, durch uns als Gott in die Welt gebracht,
uns selbst wird er beherrschen. Uns wird er glauben lassen,
dass alle Dinge, für uns selbstverständlich, auf ewig da sein werden.
So wird das Ende, nun schon vor der Tür, erbarmungslos,
ohne um Erlaubnis zu bitten, hineinbrechen.
Mit all ihrer Gewalt wird
Mutter Natur den, der sie stets entwürdigt hat,
zunichtemachen.
Und endlich wird sie besser zurechtkommen,
ohne uns.

Die Gefährlichkeit politischer Bravour

In vielen Ländern der Welt
die Protagonisten hinter den Kulissen,
nach dem Ausstoß eines tiefen Seufzers,
dem Zuschauer
die perfide Vortäuschung
einer kolossalen Zukunft
vorspielen.
Mit Rosen ohne Dornen
sie schmeicheln.
Trügerische Versprechungen
sie mit Anmut
den Zuschauern
verabreichen.
Verführt und betört
die Masse
die Rückkehr des Konformismus
ausruft.
Der Macht selbst ausgeliefert,
die Menschenmasse sich beherrschen lässt.
Und die Freiheit wieder verraten ist!
Wer weiß für wie lange,
und mit welchen Wehen!

Europa, das einst war

Wenn in jeder Nation Europas
der Populismus um sich greift,
wird dieser Kontinent,
wie in der Strömung eines Flusses,
zur Mündung fließen,
vom Wasser verschluckt,
ertrinken im Wirbel
des salzigen Meeres.
Es wäre das Ende!
Wenn der Nationalismus
in ganz Europa gewinnt
und die Macht ergreift,
dann wird dieser Kontinent
zersplittert und inexistent.
Seine Scherben
neu zusammenbringen
wird der gewaltige Sog
eines Schwarzen Loches.
Auf dem Grabstein
werden Blumen der chinesischen,
amerikanischen, russischen
und anderen Kontrahenten
Europa, das einst war,
Trost spenden.

Blutbad in Hanau

Hinter den Kulissen der Demokratie
gibt es oft Individuen,
die Hass hegen, schüren und
ihrem Publikum verabreichen.
Pro-Nazis und Rechtsextremisten,
viele an der Zahl,
indoktriniert, überzeugt von ihrer Meinung,
verwandeln Hass in brutale Handlungen.
Aus welchen Gründen auch immer.
Hanau zahlt im Namen des Rassismus
einen zu hohen Preis für dieses Massaker.
Unglückliche Menschen mussten beseitigt werden:
„Schuld, weil sie Ausländer waren!"
Rechtsextremismus und Rassismus
immer mehr in Europa vordrängen,
wir wenden uns immer noch ab.
Als Warnung dient uns Hanau:
Ein gravierendes, ernstes Problem
bedrängt uns, nun ist es jedermanns Pflicht,
diese Demokratie zu schützen.
Hinter den Kulissen,
im Bundestag, Landtag und Stadtrat,
müssen wir kämpfen, dem Schmied,
der die verblendeten Köpfe formt,
das Handwerk zu legen,
Nur so wird ein anderes Hanau vermieden.

Die Natur im Jahr 2020, 2020 über Normalnull

Über asphaltierte Serpentinen wir dem Gipfel uns näherten,
der Berg hieß uns nicht willkommen. Den Boden des Monte Corona
wir zertrampelten, die Weide der Almhütte Strabolfresco.
In sicherer Begleitung des kundigen Erminio wir waren.
Dennoch befiel mich die Angst beim Aufstieg.
Auf die Felswand ich schaute, diesem Angsthasen
Sicherheit sie bot. Das weite Panorama,
die gigantische, bezaubernde Schönheit der Täler
ich bewundern wollt', mich vom Schwindel befrein.
Ins Himmelblau eingetaucht, hinter dieser Gipfellinie,
in Gedanken ein wundervolles, mir unbekanntes Paradies ich sah.
Am Felsen des Monte Corona angelangt, kurz vor dessen Gipfel,
mein Jubel in dieser erregenden Alpenidylle hallte.
Wie durch ein Fenster, weit geöffnet, unsere Augen
die Unendlichkeit dieser Natur erblickten und Freude empfanden.
Ein buntes Farbenmeer in einem Fächer vieler Töne des Grüns.
Auf Wanderung dort oben, Gianni mit Eifer auf Latein
die Namen dieser wunderbaren Pflanzen murmelte,
Pflanzen, die ich nie gesehn, nie gekannt hab zuvor.
Das Edelweiß kannte ich wohl, die Königin der Höhen!
Fremd waren mir aber all diese Namen! Das bunte Pflanzenmeer
genoss ich vielmehr, von der Schönheit wurd' ich betört.
An einer Bergwiese zwei junge Almbauern wir trafen,
auf dem Lattenzaun sie saßen, mit nicht einmal achtzehn Jahr.
Hinunter sie hüpften, uns lehrten, wie aus gemolkener Milch
man Käse gewinnt. Unser Gaumen auf seine Kosten kam,
wohltuend und lohnenswert diese Rast für uns wurd'.
Während wir am Käse nagten, Sonnenstrahlen
den dichten Wolkenhimmel durchdrangen,

unsere blasse Haut berührten, Wärme uns schenkten.
Dort oben die Natur noch in Ordnung war,
Teil von ihr wir durften sein.

Respektiere die Natur!

Wenn eine bessere Welt du willst,
für deine Kinder,
verschwende keine Worte über die Natur,
es ist Zeit, die Ärmel hochzukrempeln.

Die Natur, seit langem in Gefahr,
bald gegen dich sich wendet.
Wenn du sie retten möchtest,
respektiere sie wieder:
Behandle sie gut,
vielleicht kannst du sie in altem Glanz
wieder genießen!

Emigration und Immigration

Das Schaufenster der Emigranten I

In einer alten Metzgerei
Ware liegt aus, menschliches Fleisch,
Emigranten.
In Etagenbetten zusammengepfercht.
An den Kopfenden
Pecorino aus Sardinien,
Würstchen aus Kalabrien,
Käse aus Apulien,
Friselle aus Kampanien und
Zitrusfrüchte aus Sizilien hängen.
Unter den Betten
uralte große Koffer
und Pappkartons,
die Schränke und Abstellkammern ersetzen.
Das germanische Schaufenster
sie verschönern und möblieren.
„Die Italiener in Deutschland
in den Schaufenstern schlafen“,
hieß es in einem kampanischen Dorf.
Gewiss ist der Schritt
hinaus aus der Elendshütte,
hinein ins Schaufenster,
nicht groß,
sie alle aber trieb
die Hoffnung
auf ein besseres Leben.

Das Schaufenster der Emigranten II

Plötzlich, nachts,
das Knarren einer Tür
alle illegal Eingewanderten weckt,
versteckt in den Betten der Landsleute.
Es war der Besitzer der alten Metzgerei,
der kam, um die Zahl
der Schlafenden zu kontrollieren.
Beim Apell
stimmte die Zahl.
Die „blinden Passagiere“ hielten die Köpfe
unter den Decken versteckt.
Die Ärmsten aber
litten unter dem Schweiß und Gestank
und dem spöttischen Hohngelächter
ihrer Kumpane,
unter den Decken
zu ersticken sie drohten.
Der Besitzer musste allen Angriffen
und „Bombardierungen“ weichen.
Die Emigranten hatten auch mal eine Schlacht gewonnen!
Alle, durch ihr Schicksal vereint,
waren wie berauscht
von ihrem Sieg.
Sich gegenseitig stoßend und tretend
versuchten sie endlich einzuschlafen.

Ich, das exotische Tier

Hier sagen sie zu dir:
Schön,
deine Haut.
Schön,
deine Augen.
Beeindruckend,
deine Gestik,
echt stark,
dein Temperament,
dein Akzent.

Jede Bemühung
um Integration
bleibt ergebnislos.
Warum?

Ich bin es leid,
weiter
euer exotisches Tier
zu sein.

Wenn eine Mutter auswandert

Rosa, in längst vergangenen Tagen
warst du eine Knospe
in einem Garten in Kalabrien.
Du wuchst heran,
brachst auf zu unbekannten Zielen.
Du ließest einen italienischen „giardino“
zurück, bekamst einen deutschen Garten,
grau und trüb.
Hier begegnete dir Gastfreundschaft,
in einem Land, das oft bitter schmeckte.
Die drei Blütenknospen,
die aus deinem Inneren erwuchsen,
zwangen dich für Jahrzehnte
zu leben,
wo du nicht sein wolltest,
musstest du doch immer
an das Land deiner Herkunft denken.

Nicht nur an Sizilien gerichtet

Der Sizilianer.
Dank seiner Reime,
gerichtet an Sizilien,
auch mich die Liebe
für meine Heimat
ergriff.
Im Nu
Alpen und Apennin ich überwand,
schon war ich dort,
an der Wiege meiner Kindheit.
In meinem Mutterland.
Es zu rühmen,
nachzuahmen,
ist mein ständiger Versuch.
Doch vollends
vermochte ich es nicht.
Und doch
liebe ich es sehr.

Du Regen

Du, Regen,
machst mich
so sehr traurig.
Du gibst mir nichts
als lauter Wehmut.
Du fällst
auf fremden Boden,
prasselst wie aus offenen Schleusen
auf mich ein,
treibst mich
in den Wahnsinn.
Geh weg!
Und lasse Raum
für einen Lichtstrahl,
den ich seit langem schon
auf dieser Erde
nicht mehr sah.

Morgendlicher Parkplatz

Das unangenehme Dröhnen
eines Motors weckt mich auf.
Auf dem Rastplatz
die Vögel munter zwitschern.
Der Sonnenaufgang!
Noch verschlafen
mache ich ein paar Schritte,
gehe zum Aufwachen
ans Ufer des Tessins,
entlang der Autobahn dieser fließt.
Das Wasser lieblich plätschert,
leicht aufschäumt,
die vielen Steine verhätschelt in dem
Mosaik des Flussbetts.
Gegen meinen Willen bin ich nun wach,
fahre Stunden für Stunden
auf der Autobahn,
verseuche die Natur
mit meiner Metallkiste.

Ironische Klage des Emigranten

Geheimnisvolle Kräfte
entrissen mich
aus meiner Heimat.
Die Zukunft
nicht immer
woanders gesucht wird.
Bedaure es nicht!
Es ist einfach zu leben,
wenn du an deine Kindheit
nicht denkst.
Wenn du an deine Heimat
nicht denkst.
Wenn du an deine Lieben
nicht denkst.

Versuche es doch!

Ohne Wiederkehr

Oh Rose!
Damals,
als ich dich pflückte,
warst du
eine zarte Knospe nur.
Für dich,
glühende Versprechen gebend,
zog ich in die Fremde,
weit weg vom Heimatland.
Oh weh,
was für ein Opfer diese Abreise war!
Was für eine Qual.
Reise ohne Rückfahrkarte.
Fremde Orte,
neue Menschen
ergriffen Besitz von mir,
verleiteten mich zu vergessen,
meine Welt und euch,
die ich so liebte.

Wo ist dein Zuhause, Emigrant?

Das Land, das dich als Gast aufnimmt,
ist nicht das deine.
Das Land, das du verließest,
ist nicht mehr das deine.
Du hattest ein Zuhause,
wenn auch bescheiden,
du liebtest es
und musstest es verlassen.
Jetzt hast du ein Zuhause,
nicht bescheiden,
das beständig wackelt,
denn du weißt,
nicht für immer wirst du es haben.
Du gingst fort mit einer Identität,
verloren nun,
jetzt suchst du sie,
aber finden kannst du sie nicht mehr.
Fuhrst du nicht fort,
ungeachtet der widrigen Zukunft,
der du in einem fremden Land
entgegen gingst?
Du fuhrst fort um einer einzigen
Sache willen, Arbeit.
Mit der Zeit verstandst du,
dass man allein vom Brot nicht lebt.
Dort unten, ohne dich umzusehen,
wusstest du, wo du warst,
hier aber, drehst du dich um,
und wo du bist, weißt du nicht.

Besuch

Du, Emigrant, warst glücklich,
als der Zug die Berge durcheilte,
dich in deine Heimat führte.
Solch eine Freude, als du daran dachtest,
dein geliebtes Land wiederzusehen!

Und so stark war die Sehnsucht, dass sie
dir das Gefühl gab, nie
ankommen zu können. Auf dem Rücken
einer Schnecke reistest du.

Bei den ersten Häusern,
wie schlug dir das Herz!
Aus diesen schönen Jahren
so vieles stieg
auf in dir.

Es hat nicht mehr jenes Gesicht,
das du dir vorstelltest,
als du fortgingst. Dein Land
hat sich verändert.

Die Dünen, die hinter ihrem Rücken
die Vereinigung des Meeres mit dem Horizont
damals versteckten,
du siehst sie nicht mehr.

Die Alten, die still
vor den Türen ihrer Häuser saßen,

einst in der Sonne,
zu allen Jahreszeiten,
du siehst sie nicht mehr.

Jenen Maulbeerbaum, für den du
manchen Rutenstreich riskiert hast
von seinem Besitzer,
mit den Freunden
saßest du oft hoch in seinen Zweigen,
um seine schmackhaften Früchte
zu stibitzen,
den gibt es nicht mehr!
Bevor er abreiste,
wollte der Besitzer ihn drüben
zum Gefährten haben. Er fällte ihn,
vielmehr, er tötete ihn.

In der Prozession siehst du wieder,
zwischen zwei Reihen, Don Cornelio,
den guten Priester,
dessen Gewänder
noch mehr Macht versprechen.

Was sich hätte ändern müssen,
hat sich leider nicht geändert.
Zu jeder Stunde siehst du wieder
die streunenden Hunde, die, um
ihren Hunger zu stillen,
den ewigen und stinkenden
Mülleimer ausschütten,
die vom Süden sich ausbreitende Plage.

Du warst bestürzt, als der Zug
dich nach Norden zurückbrachte.
In deinem Gesicht
war so viel Bitterkeit
zu lesen.
Du littest nicht, weil du zurückgekehrt warst
an einen Ort, der dir wenig gefiel.
Du verließest einen Ort,
den du noch zu lieben spürtest,
auch wenn du zurückkehrtest, verstört
und tief enttäuscht.

Autobahn

Autobahn! Ich Pendler, der ich bin,
ich komme nicht an dir vorbei,
schon lange bin ich dein Sklave.

Morgens, mittags, abends,
mein Auto verschlingt dich.

Dich geschaffen hat man
und der Natur
den Boden gestohlen,
auf dem einst stolz
jene Bäume aufrecht wuchsen.

Die Autos,
die dich befahren,
gefühllos, arrogant,
helfen dir,
zu vollenden
das zerstörerische Werk
des Menschen.

Mit ihren Auspuffrohren
sie töten immerfort
die letzten überlebenden Bäume
an deiner Seite.

Diese geliebten und unersetzbaren Bäume,
schon krank und dem Tod geweiht,
einen letzten Hoffnungsschrei ausstoßen:

„Habt Mitleid mit uns,
rettet uns,
rettet euch!“

Zuhause ein Fremder

Am Meer, abends, wo du einst
mit Schulkameraden nackt
heimlich gebadet hast,
beobachtest du,
wie hinter dem unendlichen Tyrrhenischen Meer
die Sonne dem Tag Lebewohl sagt.

Ein Fremder du bist.
Der Staub des Weges,
auf dem du barfuß gegangen bist,
ist zu Asphalt geworden,
rechts und links Betonklötze.

Ein Fremder du bist.
In deiner Heimat,
wo einst der zahme Esel
an den Karren gebunden
brav die Richtung einschlug,
die sein Herr befahl,
herrschen heute überflüssig und ungerecht
Kisten aus Blech.

Du Armer. Hier glaubtest du
die Welt zu finden,
die du einst verlassen hast.

Du bist ein Fremder.
Du kommst von weit her,
von deiner Heimat

bleibt dir nur die ferne Erinnerung
an deine sonnige Kindheit.

Untrennbar

Deine Heimat
ist
wie die Seite
einer Münze.
Dein Abbild
ist drauf geprägt.

Das Blut des Flüchtlings erzählt

Das Tintenfass ist seine blutende Faust
und die Tinte ist sein Blut.
Das Papier ist die Wand,
auf die er sein Drama schreibt.
Der Füller sind seine Fingernägel,
die aus der Faust die Tinte schöpfen.
Zwischen leidvollem Klagen
und innerer Stille
flüstern seine Gedanken ihm
Freiheit zu, die er nicht besitzt,
Zukunft, eine ungewisse, die vor ihm liegt.
„Ein glücklicher Flüchtling bin ich,
denn vor der elenden Reise, einen
Breitengrad weiter in Richtung Norden,
auf diesen Wänden, in denen wir
zusammengepfercht wie Tiere sind,
die zerstörte Menschenwürde
mit meinem Blut ich erzähle.
An meiner Seite ein Mann, durch
wildeste Tritte verletzt, unbewegt,
mit zittriger Stimme, am Nacken
Rinnsale von Blut er hat.
Dieses eine Mal hat sich das Blutvergießen
gelohnt: Die Welt muss wissen!"
Er denkt an ein verheißenes Land.

Meine Heimat, das Horn von Afrika

Meine Gemahlin, die Kinder und ich
durchquerten die Sahara,
nach langen Wochen im Sand
gelangten wir an die libysche Küste.
Von allem Hab und Gut entblößt,
für die Überquerung des Mittelmeers
wir kriminelle Banden bezahlten.
Folter und Drohungen wir ertrugen,
und wie Tiere, zu Hunderten,
in übelriechenden Räumen eingebuchtet,
erwarteten wir in See zu stechen,
hin zum viel verheißenden Land
auf der anderen Meeresseite.
Verladen wie Vieh,
den Wellen ausgeliefert, oje,
unser Wrack sich neigte
und... mit vielen anderen meine Frau,
mein einziger Sohn ertranken.
Seit dem Tag nie mehr ich
ihre Körper wiedersah.
Die Abgründe des Meeres
verschlangen sie gefräßig.
Gerettet, bin ich nun hier,
wo viel Üppigkeit existiert,
weit von Tyrannis und Krieg.
Mit zerfledderter Kleidung und traurigem Gemüt,
finde ich nach kalten Nächten im Freien
Schutz im Bahnhofsgebäude.
Den gleichgültigen und neugierigen Blicken auf mich,

dem „autochthonen Wesen“, wich ich aus,
meinen dreckigen Körper,
der dringend Wasser brauchte,
versuchte ich zu verstecken.
Wie hinter einer Mauer verkrochen,
den stechenden Schmerz
meines immerwährenden Verlustes kaute ich wieder.
O weh! Meine geliebte Heimat, meine Partnerin,
mein Sohn waren nicht mehr da!
Ich würde gerne in mein gemartertes
Land zurückkehren,
das Land, welches die Hoffnung
uns antrieb zu verlassen,
die Hoffnung auf ehrgeizige, höhere Ziele.
Inzwischen würde ich zum
Horn von Afrika zurückkehren,
um dort zu begraben meine Verzweiflung
und zurückzuerlangen meine Menschenwürde,
die ich in diesem Europa verlor,
hier, wo Diffamierung und Diskriminierung
noch lange nicht verschwinden werden.

Alioma, im Laderaum vergewaltigt

Mit ihren geschwollenen Beinen war sie
schwach und stützte sich auf die Helfer,
bei der Landung, mehr tot als lebendig machte sie sich auf
zu einem so sehr erhofften besseren Leben!
Sie jubelte mit einem melancholischen Lächeln
während ihr das Blut zwischen den Beinen
rann und den „italischen“ Boden befleckte.
Die Zeichen der erlittenen Gewalt:
Im Laderaum eines Wracks wurde sie,
Alioma, in diesem widerwärtigen Gedränge,
in der aufgewühlten und gefährlichen See,
immer wieder vergewaltigt.
Ihren verstorbenen Gatten flehte sie um Hilfe an.
Vergeblich! Das Meer hatte ihn verschlungen.
Diese unglaubliche Gewalt,
zerfetzte mit all dem grausamen
Schmerzen ihre Seele.
Sie fühlte sich ohne Hoffnung und allein.
Ein ganz entfernter Teil ihrer Gedanken
flüsterte ihr wohl Hoffnung zu. Mut fassen,
Rom erreichen, die Schwester finden
und als gute Kopten beten in dem so sehr
als Kleinkind herbeigesehnten Petersdom.
Vom Sudan aus hatte sie mit dem Gatten
durchquert die unheilvolle Sahara,
nach Drohungen, Erpressungen, Raub
zur libyschen Küste sie gelangt waren.
Das Kind, das sie im Schoß trug,
trieb sie einem neuen Leben entgegen.

Hunger

Von der anderen Seite der Welt
erreicht uns
das Echo der verzweifelten Hilferufe.
Wir,
auf dieser Seite der Welt,
bleiben taub.
Erst wenn unser Universum
voll sein wird, von Satelliten,
wir von weit her
die Signale des Todes empfangen werden.
Aus dem All
auf unseren Computern
die Worte erscheinen werden:
„An Hunger gestorben."
Hoffentlich unauslöschlich.

Hoffnung

Ein endloses
Tränenmeer
trennt mich
von meinem
ersehnten Ziel.
Die unendliche
Leidenswüste
lässt mein Ziel
unerreichbar
werden.
Ihre beiden Horizonte
nähren in mir
so viel Hoffnung.
Und ich glaube daran.

Wenn das Europa ist

Auf Lesbos, Lampedusa, Rhodos, in Bari und
Brindisi, auf Samos, in Salerno,
Ragusa und anderswo,
sie aus Kleinasien und Afrika
ausgehungert ankommen,
die Verzweifelten,
und zu zehntausenden an Land gehen.
Die zwei Länder, die diesem Europa
den Atem der Zivilisation einst gaben,
sind seit Jahren allein gelassen,
mit unbeschreiblicher Menschlichkeit
die Flüchtlinge aufnehmend,
riskieren sie selbst abzudriften: Von Populismus,
Aufständen und Revolten ist die ständige
Vorahnung.
Ach, der Egoismus der Staaten Europas
ist blind und ebenso taub!
Wiederholte europäische Gipfeltreffen,
nur lächerliche Küsschen
rechts und links tauschen die europäischen
Regierungschefs aus.
Über das vereinte Europa vor dem Festessen
nur Flüsse schöner Floskeln fließen,
aus den Mündern dieser redegewandten Staatsmänner.
Keiner hat wirklich vor, die Ärmel
hochzukrempeln, um zu verhindern,
dass ganz Europa
wie diese Verzweifelten untergeht.
Wenn in der Not keine Einigkeit herrscht,

frage ich mich:
Wo ist der Sinn von Politik geblieben?
Was ist das für ein Europa,
wenn das Europa ist?

Flüchtlinge vom gegenüberliegenden Ufer

Eine Mauer ihr vorfandet,
unsere egoistische Natur hat diese offenbart.
Auch die am höchsten und stärksten errichtete
der Menschheit, standhafter als Pappmaché,
zerbrochen ist.
Im Namen des Christentums,
auch eines beliebigen Glaubens,
praktizieren wir noch Rassismus,
Kinder, Frauen und viele andere Menschen
indirekt wir töten.
Am gegenüberliegenden Ufer
sie auf der Flucht,
wir in Schleuserhände sie anvertrauen,
ihre Würde böse verletzen.
Schauen wir uns die Geschichte Afrikas an,
stellen wir fest, dass sie aufzunehmen ein karitatives
Werk nicht wirklich ist und diese Flucht
der Hoffnung die Folge des früher
allgegenwärtigen europäischen Kolonialismus bleibt.
Wer weiß, ob die Hand auszustrecken nicht besser
für alle ist. Sie aus dieser Hölle zu befreien
oder ihnen dort wirklich zu helfen.
Vielleicht würden wir auch unser beflecktes
Gewissen reinwaschen,
das ständige Größerwerden dieses Friedhofs
in den Abgründen des Mittelmeeres
verhindern.

Natur und Mensch

Die Stille treibt an

In meinen Gedanken
drängt sich die Stille auf.
Flüstert mir vom Mond, den Sternen,
die dort am rechten Ort,
zum Staunen und Bewundern
sich befinden, das Ich belohnen.
Die Raserei dieser modernen Welt,
Blindheit und Apathie
hat hervorgebracht. Oh weh!
Kaum wahrnehmbar,
die Stille mir zuflüstert,
dass die Natur lebt.
Gerade jetzt,
bringen mich wieder auf Trab
das Rauschen der Blätter
und das Zwitschern der Vögel.
Ich fühl mich wieder Mensch,
genieße diese kleinen Dinge!
Durch die Stille
wird das Leben in Zukunft
neu beginnen.
Und ich, Mensch, der ich bin,
bin wieder da,
dank der Stille.

Mit den Gedanken zurück aufs Land

Ohrenbetäubend ist der Lärm in der Stadt.
Das Trommelfell, zitternd und gequält,
in dem kraftlosen Körper.
Auf dem Land wieder die Stille herrscht,
das Herz dort zu sprechen beginnt.
In höchsten Schwüngen
der Geist die ersehnte Freude
wiederbringt und von ihr flüstert,
der Freude an der Ruhe,
die zum Nachdenken anregt.
In diesem Meer der Ruhe
tauchen dankbar ein die Gedanken des Menschen,
die zu schwimmen beginnen
in der ruhigen See des Geistes.

Der Eindringling

Im idyllischen Etrurien
Zypressen
dem Geist zuflüstern.
Olivenhaine
dem Gemüt Frieden zusprechen.
Sonnenblumen
unser Inneres mit Freude erfüllen.
In der ländlichen Villa
der Verstand sich ausruht.
Mensch und Natur
werden eins.
In der Lautlosigkeit dieser Oase
genieße ich
die Grazie dieser Landschaft.
Sobald hineinbricht, ganz ungestüm,
der Mensch mit seiner Hand,
der Zauber verschwindet,
das harmonische Band
sich löst.

Wer entkommt ihm?

Auf der jenseitigen Schräge eines Daches
entdeckte ich jenen verschwommenen Bogen,
dessen Rot durchschnitten ist von
störenden vertikalen Linien,
Antennen und Kaminen.

Die Pappel schüttelt
ihre grünen Blätter.
Ein Spatz fliegt davon.
Ein Rabe folgt ihm.
Der Hase schrickt hoch bei dem Geräusch.

Wärme weicht der Kälte.
Das Tageslicht, ganz langsam,
um nicht müde
morgen zur Arbeit zurückzukehren,
übergibt die Herrschaft der Dunkelheit.

Auch heute, wieder ein Stückchen
Leben ist davongeflogen.
Die Einsamkeit
hat Wehmut und Betrübnis
in den Abgrund des Herzens
geworfen.

Es ist Sonnenuntergang.
Wer entkommt ihm?

Die Sonne und die Wolken spielen

Dichte Wolken, ganz grau,
stoßen die Sonne ab, die schwache,
die erfolglos versucht,
eine Lücke im Wolkenmeer zu schaffen.
Diesem unterkühlten Körper,
diesem kühlen Gemüt,
Licht und Wärme zu spenden.
Inständig warte ich auf die Rückkehr
dieses Naturspiels. Die ersehnte Sonne
mit ihren Strahlen wird die Wolken
gründlich spalten, mein Wesen
erwärmen. Mein schweres Herz
Wärme verspüren, den wohltuenden,
rhythmischen Puls erfahren wird.

Die Komposition der Natur

Die Wellen des Meeres
tosende Noten schlagen,
an der Brandung trommeln.
Im skandierten Rhythmus
der ungestüme Schaum
die stetige Melodie in der Luft
und das Echo erklingen lässt.
Unbeachtet,
höre und beobachte ich
die gewaltige Natur, ein Spektakel,
das meine Sorgen
zunichtemacht.

Die Freiheit des Fliegens

Die Möwe zieht Kreise über das Dach
meiner Nachbarin gegenüber,
fast gleitend landet sie mit den Füßen
auf einem Kamin. In einem Augenblick
gesellt sich ein Begleiter dazu.
Beide kreischen in Richtung ihres Kükens,
das soeben notgelandet ist, ein wenig
weiter unter ihnen, auf dem Vordach.
Stunden des Wartens, mit neugierigem Blick
genießen von unten das seltene Schauspiel
die versammelten Menschen.
Dadurch gestört, ertrotzen die beiden nicht,
sich ihrem vom ersten Flug ermüdeten Küken
zu nähern.
Endlich zerstreut sich die Menge,
das Möwenpaar, mit gespreizten Flügeln tänzelnd,
das Kleine mit liebevollem Schnabelgeklapper
animiert, aufs Neue zu fliegen.
In die Höhe flatternd, begleitet unter Schutz,
majestätisch kreisend,
das unendliche Himmelblau bezwingend,
genießt es die grenzenlose und heißersehnte
Freiheit.

Oh Meer! Oh Ihr Berge!

Niemals wieder
werde ich dich sehen,
lieber Freund, mein Meer.
Niemals wieder
werden deine sanften Wellen
meine Haut streicheln, mich schaukeln.
Oh Meer, lieber Freund!
Du hütest sie gut, deine Kinder,
die um mich herum in die Höhe schnellten.
Nie werde ich sie vergessen!

Oh Meer, lieber Freund!
Oh Berge, meine Freunde!
Bewahrt euch die Eidechsen,
die ich zu fangen versuchte.
Bewahrt euch die Quellen,
aus denen wir tranken
als Kinder – wie kleine Tiere.
Oh Berge, meine Freunde!

Bewahrt euch den Ginster,
aus dem wir Schlingen formten,
um mit ihnen vergeblich
Schlangen zu fangen.
Zum Glück keine einzige!

Oh Berge! Oh Meer!
Tragt mich im Herzen,
denn fort muss ich.

Damals im Frühling

Mit den Freunden badete ich als Kind
die Füße im Staub, am Wegesrand.
Die Augenbraunen hebend,
auf die Früchte der Bäume schauend.
Die Mispeln von uns Wilden abgerupft,
erfuhren durch das Knabbern
einen hässlichen Klang.
Ihre glänzenden Samen
spuckten wir scherzend aus,
wie mit einer Schleuder
zielten wir auf die Freunde.
Die Fruchtfeigen, noch nicht ganz reif,
riefen uns auf den Plan,
um gepflückt, gegessen zu werden.
Zwischen dem Röhricht ab und zu
eine Eidechse voller Panik
suchte zu entkommen, vor uns Eindringlingen
wie ein Rennwagen fortflitzte.
Die Obstbäume, mit leuchtend roten, weißen
Blüten, schön, eitel, bekleidet, strahlend
stellten unter der Wonnesonne
stolz ihre kunterbunten Kleider zur Schau.
Die Blütenblätter im Himmelblau
beherrschten wie ein Feuerwerk
hoheitsvoll die Szenerie, zogen unsere Blicke an
in der lieblichen Frühlingslandschaft.

Teil der Natur

Überquert habe ich Gebirgspässe,
majestätische Gipfel und Bergkämme,
die mir aus den Weiten zulächelten.
Mir, dem Zwerg, der ich war.
Auf sie ging ich zu,
aus großer Nähe
haben sie mich begrüßt.
Stehen geblieben bin ich,
ich beobachtete.
Die jungfräuliche Schneedecke
zu betreten,
wagte ich nicht.
Sakrileg wäre es, zu vernichten
ihren glitzernden Schimmer.

Ein weißer Januarmorgen

Dächer und Straßen sind weiß vom Schnee.
Große Flocken
wie Zuckerwatte
versüßen die feuchten Lippen
des nackten Erdbodens.
Die weiße Schneedecke
verhüllt vor den schmächtigen Raben
den Samen, den vielgesuchten.
Nur die wohltuende Wärme
unserer Herzen
Lethargie verhindert.
Die Tiefe unseres Seins
erweckt uns, verleiht uns
den Genuss des Lebens.

Die Wärme des Schnees

Hinter den Fensterscheiben
der Schnee unaufhörlich fällt.
Wie Blätter im Wind,
die Flocken schweigend fallen,
anmutig und zart.
Hier und dort sie
die nackte, stumme Erde
streicheln,
sie verhüllen.

Eine dicke, weiße Decke sich bildet,
uns einhüllt,
uns Wärme schenkt.
Von draußen der Schnee uns zuschaut,
während fest umschlungen
wir die Süße und Lust
der Umarmung schmecken.
Im Anblick des verschneiten Gartens
zu himmlischem Genuss
wir entschweben.
Dank dir, lieber Schnee,
für die Wärme,
die du meiner Seele schenkst.

Die Strahlen des Lebens

Die heiße Bohne, in der Sonne geerntet,
aus dem Sieb geschüttelt,
erst von mir geschluckt,
dann kalt in die Dunkelheit gerutscht,
macht den Glanz zunichte,
der mich im Inneren erleuchtete.
Dem Strahl der Hoffnung
an dieses vergängliche Leben
Wärme und Licht sie wegnimmt.

Zitronenduft

Eines Morgens, eingehüllt in quälende Gedanken,
gehe ich von der Terrasse hinunter in den Garten,
wach, wie ich bin,
spüre ich den Duft des blühenden Zitronenbaums.
Das Aroma umhüllt mich sofort,
überall dehnt es sich aus. Berauscht
gebe ich mich diesem himmlischen Moment hin.
Ekstase herrscht hier überall!
Hängende Zitronen und ein Blütenmeer
lächeln diesen abgelenkten Mann an.
Der Geruchssinn genießt den wohltuenden Duft,
der ergötzende Anblick dieses Wunders
ist faszinierend!
Weißviolette Blüten,
gelbe und grüne Zitronen,
zwischen glänzenden Blättern.
Die Kunst der Mutter Natur ist einzigartig,
sie gestaltet die besten Meisterwerke!
Dieses perfekte Gemälde,
begleitet vom Duft,
der für die Seele eine Filmmusik
solch großer Schönheit ist!
Weg vom Baum ich meinen Blick nun richte,
meine Gedanken,
immer noch im süßen Duft der Zitrusfrüchte
eingetaucht,
zufrieden sind.
Die Lust der Sinne bleibt bestehen.

Bukolisches Fragment

Um die Wasserquelle
lagen wir herum,
gurgelten,
benässten
das weiche Gras, auf dem
unsere mageren, kindlichen
Körper rasteten.
Unter der Gluthitze
soffen wir
wie Büffel,
wenige Schritte von uns,
auf einem Kaktusfeigenblatt,
eine Schlange
die gleißenden Strahlen
der Sonne aufnahm.

Zuversichtliche Fische schnellen empor

Noch schwimmen viele Fische
in meinem Meer und schnellen empor.
Auch ich schnelle in die Höhe, verlasse
das Wasser auf der Suche
nach der Harmonie der Natur,
die zerstört sich mir bietet.
Mit Mühe ernähre ich meine Kiemen
mit den sauren Tröpfchen, die herabfallen
von den Wolken, während die Erde,
durch Menschenhand verursacht,
schon im Delirium sich befindet.
Hilfe, das Habitat ist in Gefahr!
Lange halte ich nicht aus,
mit diesen Regentropfen und Wolken.
Ich gerate in Atemnot,
kehre zurück in mein Meer,
wo weiter emporzuschnellen
noch ein Geschenk ist.
Dort, emporschnellend, erhoffe ich
die Rettung meines einzigen
und unverzichtbaren Habitats.

Die Natur der Dinge

Angesichts deiner prekären,
nicht umkehrbaren Lebensumstände
stößt mich die Machtlosigkeit
in ein ungestümes Weinen.
Wehrlos, wie die Natur es will,
kann ich nichts für dich machen.
Nun bin ich in der Lage,
mit dir zu teilen
Traurigkeit und Schmerz,
die uns peinigen.

Erinnerungsbild von Großmutter

Du bist noch da, Großmutter,
lebst weiter
in mir, durch dieses Bild,
in diesem Rahmen,
den ich oft ansehe.
Auch in Zukunft
wirst du weiterleben.
Nach meinem Weggehen.
An meiner Stelle treten werden
meine Nachfahren, meine Kinder.
Dich bewundern werden sie
in diesem Rahmen,
mit etwas Abstand.
Dich für immer,
dank des Gedächtnisses,
in Erinnerung behalten.

Die Ruhe im Wald

Von der nahgelegenen Autobahn
der überflüssige Flitzer seinen Donner
über die Lichtung am Waldesrand schallen lässt.
In den Wald eingetaucht, flaut der Schall ab,
mein Gehör taucht schnell in die Stille ein,
Ruhe rund um mich herum ich erfahre.
Die Stille durchbricht nur das Rascheln
des trockenen Laubs unter meinem schweren Gang.
Die Schritte zählend, genieße ich die Ruhe.
Der Wald flüstert Stille zu,
und Frieden dem Gemüt schenkt.
Der Mensch holzt weiter ab.
Und weiter, den Boden er mit Asphalt
wie ein Brot mit Butter bestreicht.
Der Stille raubt er den Platz.
Den lebenden Wesen, der Natur
raubt er die Stille.
Hoch lebe die Autobahn! Oh weh!
Die Eingriffe in die Natur
Menschen und Planeten ausdorren werden.

Der Mensch ist...

Ein Mensch kann biestig sein,
wenn er Recht hat.
Was tut er nur,
wenn er Unrecht hat?
Gott befreie uns
von seiner Bosheit!

Wenn die Symbiose fehlt

In tiefer Ekstase die Zuhörer
mit einem tobenden Applaus den Clown würdigen,
der ihnen soeben, ganz gefällig,
mit Scherzen Freude eingeflößt hat.
Vor ihrem Antlitz er sich verbeugt und lacht.
Keck kehrt er hinter die Kulissen, und
hinter den Kulissen, ja genau, hinter den Kulissen
in der Garderobe, vor dem Schminkspiegel,
liest man in seinem wehmütigen
Gesicht starken Kummer.
Ein Weinkrampf überkommt ihn, benetzt
die Wangen und entleert seine Seele.
Au weh, wie ist er einsam!
Wo ist nur sein geliebtes Publikum?
Ist die Symbiose beendet, verpufft das wenige Glück
zwischen Publikum und Clown zu Nichts.
Man erwartet den nächsten Auftritt,
damit er wieder glücklich sei. Wer weiß!

Der katzenartige Mensch

Eine Katze
befriedigt die Seele,
die ihr zusieht.
Der Mensch aber,
der katzenartig wird,
zerstört sie.

Hoffnung und Glück

Auf der Suche nach einer besseren Welt

Noch immer
auf der Suche
nach einer besseren Welt.
An allen Orten
zwischen all den Menschen.
Wie sehr hab' ich gesucht!
Wenn du glaubst,
du hast sie gefunden,
und sie in deinen Händen hältst,
so entgleitet sie dir,
wie eine Fliege
entkommt sie zwischen deinen Fingern.
Noch hab' ich Hoffnung
auf eine bessere Welt:
Lasst uns beginnen,
sie zu erschaffen!

Hoffnung

Ein endloses
Tränenmeer
trennt mich
von meinem
ersehnten Ziel.

Eine unendliche
Leidenswüste
lässt mein Ziel
unerreichbar
werden.

Ihre beiden Horizonte
nähren
so viel Hoffnung.
Ich glaube daran.

Leben

Ich öffne
das Fenster.
So atme ich leichter
das Leben.
Leben muss ich
das Leben!
Das Leben
ist süß.
Süß leben muss ich
das Leben!

Welch ein Glück!

Mein Kindchen,
in Augenblicken voller Angst
suchst du
die Mama
und findest sie
in der Frau,
die du liebst,
die Sicherheit dir gibt.
Hier ist sie!

Die Kinder

Durch eure Augen
Milliarden von Sternen
funkeln und erleuchten
eure Aufrichtigkeit
und eure Reinheit.

In eurem Lächeln
liest man das Leben
und die Hoffnung
der Welt.

Dank eurer Wörter
genieße ich
das immerwährende Glück.

Umherziehendes Glück

Keuchend das Glück
du so unvorstellbar verfolgst.
Glaubst es eingeholt zu haben,
und schon schwindet es
wie der Nektar,
den die Biene fortträgt,
um Honig zu erzeugen,
während sie hier, au weh,
nur Groll hinterlässt.
Und der Schmerz übernimmt
ganz anmaßend das Zepter.

Das Glück erbittet man nicht

Mit Bescheidenheit diese Gesinnung
etwas Glück erbittet.
Bis zum Exzess versuchte ich
es in Gänze zu erobern, es hinein zu komprimieren
in das unruhige Herz, welches riskierte
zu bersten und abzudriften.
Der schöne Gedanke an eine Sache
oder an eine geliebte Person,
schenkt dir ein bisschen Glück,
das soeben reicht um nicht zu leiden.
Sogar die Mauer, die vor mir steht,
kannst du wie einen Spiegel betrachten
und darin Momente des Glücks entdecken
ohne Begierde zu besitzen.

Das verborgene Glück

Das Glücklichsein
ist kein leicht
erreichbares Ziel.
Du musst ihm nicht hinterherjagen.
Da ist es,
direkt neben dir,
und wie eine Welle, wenn du es fängst,
erlebst du es
Tag für Tag.

Gib nicht auf

Die Bergpässe wie eine Barriere
über viele Serpentinen
man umfährt und so bezwingt.
Die Macht des Willens
unbezwingbare Hindernisse beseitigt
und weite Horizonte eröffnet,
weit aufreißt die Türen
der Hoffnung an das Leben.

Suche nicht das Glück

Siehe da! Ich suchte es
immer in der Ferne,
in mir unbekannten Welten.
Vergeblich!
Je mehr ich suchte,
desto größer die Seelenqual,
ohne Ergebnis.
Zuletzt fand ich es:
Ich sah den blühenden Apfelbaum,
schob sanft eine Knospe zur Seite,
siehe da, eine Katze, in der Sonne liegend!
Mit der Wärme der Sonnenstrahlen
wurde ganz zufrieden
mein Gesicht.
Wie schön der Gedanke an Morgen,
dem Fest für meine Enkel!
In kleinen Dingen liegt das Glück.
Suche es in dir,
um dich herum, finde es!
Suche es, ohne etwas zu verlangen,
es wird dich überraschen,
dein Herz erfüllen
mit unendlicher Wonne.

Meine Bitte an das Glück

Wohl wahr, mein Glück,
dass du bestehst.
Versprich aber nicht
dem Menschen Ewigkeit,
die du nicht besitzt!
Schmeichle nicht dem Wesen,
das stets nach dir sucht.
Raube nicht das Glücksmoment,
das manchmal du ihm schenkst.
Eine Eintagsfliege du bist!

Das sehnende Glück

Mit stetem Unglück hab' ich mich gegürtet,
wie ein heftiger Sturm erregt es mein Herz.
Und schlägt es, versucht es mit starker Gewalt
zu zermürben, zerstört es aber nicht.
In Schmerzen versetzt möchte mein Herz
es sehen, ohne ihm Linderung für einen Augenblick
zu erlauben.
Sobald die Nacht diesen Menschen, einen von sieben Milliarden,
fest im Griff hat,
wird die Stille erneut das Gleichgewicht herstellen.
Kein Gedanke mehr wird das
Glück herbeisehnen.
Die Vergessenheit wird dann, oh weh,
die furchtbaren Schmerzen heilen,
für immer vertilgen.
Das Glück, welchem ich so sehr nachlief,
schien verwirklicht, es entfernte sich aber,
verworfen, vorgespult wie in einem schnellen Film.
Für immer verschwunden.
Vielleicht ist es nun dort, wo du, eingewickelt in den
kalten, ewigen Tüchern, es genießt.
Au weh, kein Leidender weiß es zu Lebzeiten
so genau.

Atheismus ist für die Starken

Einst, in den kindlichen Jahren,
die Kraft deines Körpers
dich dazu geführt hat,
die göttliche Nichtexistenz
zu behaupten.
Überzeugt warst du davon!
Aber, da du der Senilität
nicht entkommen kannst,
die Schwäche deiner Stärke
allmählich fühlst,
Trost in Christus du dann suchst,
der mehr litt als du,
um die Last
deines Kreuzes zu erleichtern.
Wer unter prekären Bedingungen
glaubt nicht,
um die Seele zu stärken und
sich auch körperlich besser zu fühlen?
An der menschlichen Schwäche in mir
entdecke ich jetzt
die Verleugnung des Atheismus.

Eine bessere Welt

An vielen Orten, in vielen Ländern
eine bessere Welt ich suchte.
Gefunden schien sie.
Wie eine Fliege fing ich sie mit der Hand,
doch plötzlich entfloh sie meiner Faust.
Ich suchte sie fortgesetzt,
endlich fand ich sie in mir selbst,
mit festgedrückter Faust
wollt' ich sie nicht mehr gehen lassen.
Hielt sie fest und bot allen
Menschen guten Willens an,
sie gemeinsam zu erbauen.
Ich hoffe, es ist noch Zeit dafür!

Gedankenspiele

Nur eine Wahrnehmung

Wolken,
verkehrt herum aufgehängt,
lassen vertikale Strahlen
bis ins Wolkeninnere dringen.

Wolken,
richtig herum aufgehängt,
lassen horizontale Strahlen
aus den Rändern durchscheinen.

Nur eines
der tausend Millionen Spiele
in der Unendlichkeit des Himmels.

Es ist nichts

In mir,
ohne
zu drängen,
ist auch
das Nichts
nicht
mehr.

Wortspiele

Für dich haben
meine Tränen
Bäche überflutet
und Meere aufgefüllt.

Für dich habe ich
große,
hoffnungsvolle Schlösser
voller Glück gebaut.

Für dich habe ich
die dunklen Tore der Welt
weit geöffnet,
um dir das Licht zu schenken.

Für dich habe ich
Berge versetzt
und Hindernisse zerstört,
um die Liebe zu vereinen.

Vergebens!
Für dich
alle Mühen
unnötig waren.

Die Liebe in den Wortarten

Der stolze Artikel
gibt der Liebe das Geschlecht.
Die Lippen der Liebe
haben Nomen en masse erschaffen.
Die Prediger der Liebe
haben unendliche Verben verbraucht.
Romane haben die Schriftsteller
mit Adjektiven gefüllt.
Die Priester haben die Liebe
mit Adverbien geschmückt.
Präpositionen, endlos an der Zahl,
haben die Liebe begleitet.
Schauspieler haben die Liebe
in Ausrufen interpretiert.
Scharen von Pronomen
haben Hass durch Liebe ersetzt.
Mit der Konjunktion hat der Mensch
die Sinne der Liebe verbunden.
Tausende Worte, im Überfluss,
den Individualismus begleiten.
Wahre Liebe braucht das Tun
von jedem, auch meins.

Zuviel Schönheit schüchtert ein

Deine überlegene Schönheit
zur Ekstase mich führt.
Unanständig!
Nüchtern werd' ich sofort.
Verboten wird mir,
tiefe Gefühle zu äußern,
in meiner Seele
unverwischbar geformt.
Mein Widerwille mich hindert,
tausend schöne Worte
auszusprechen für dich.
Nie, nie wirst du erfahren
meine entzückte Anziehung für dich.
Ein herzzerreißender Gedanke
an den verpassten Genuss
in mir leidet.
Deine überwältigende Grazie
zum unvermeidbaren Schweigen
mich führt.
Die wohltuende Erquickung,
die ich für dich empfinde,
erstickt.

Auswahl

Ich darf wählen:
Entweder
ein qualvolles
Ende
oder
ein gequältes
Leben
ohne
Ende.
Ich habe gewählt,
ein qualvolles
Ende.

Der Mond zur Sonne

Deine Strahlen
mich erwärmen,
mich erhellen.
Es ist schön!
Aber lass mich
einmal im Dunkel,
und dann erfrieren.
Denn deine Wärme
und mein Geist
haben was Gemeinsames:
das genormte Verbot.

Leere

Die Früchte
der Liebe
wurden nicht reif,
es waren Früchte
ohne Keime.

Die Kakophonie der Pünktchen

Durch das große Netz des Gehirns
alle Pünktchen bewegen sich.
Durch das unendliche Netz des Universums
alle Pünktchen bewegen sich.
Das Pünktchen, das ich bin, bewegt sich
auf dem Pünktchen Erde.
Das Pünktchen Erde bewegt sich
im Pünktchen Sonnensystem.
Das Pünktchen Sonnensystem bewegt sich
im Pünktchen Galaxie.
Das Pünktchen Galaxie bewegt sich
im Pünktchen Grenzenlosigkeit.
Das Pünktchen Grenzenlosigkeit bewegt sich
im Pünktchen Großhirn.
Das Pünktchen Großhirn bewegt sich
im Pünktchen Matrjoschka.
Das Pünktchen Matrjoschka bewegt sich
im Pünktchen Unendlichkeit.
Das Pünktchen Unendlichkeit bewegt sich
im Pünktchen der Phantasie.
Das Pünktchen der Phantasie
bewegt sich im Pünktchen Großhirn.
Das Pünktchen Großhirn bewegt sich
in der Grenze des
„Wo auch immer“.

Verstehen

Ich verstehe Dich.
Dich will ich nicht verstehen.
Ich muss dich verstehen,
auch wenn ich es nicht will.

Ein Eselchen

Es war einmal ein Eselchen,
das unter einem Regenschirm Schutz suchte.
Der Regen drängte,
das Eselchen suchte Schutz im Stall.
Die Herren kamen,
mit Überheblichkeit sie ihm sagten:
„Komm her,
auf die Felder müssen wir gehen!
Viel Arbeit ist zu tun."
Es war einmal ein Eselchen,
das unter einem Regenschirm Schutz suchte.

Liebe

Ohne Blüte

Jene Blütenknospe,
die ich für dich
im Knopfloch trug
beim ersten Rendezvous,
sie wollte nicht verwelken.
Auf den Seiten
des großen Erinnerungsbuches
ist sie verwahrt,
auch wenn sie nicht erblühte!

Kon-Fusion

Wie bei dieser Rose,
so ist der Duft
die Essenz
meines Lebens,
deines Lebens.
Berauscht die Sinne
und verführt.

Ewige Liebe

Wie sehr ich dich lieb', mein Schatz,
ich kann dich nicht vergessen!
Mit meinem ganzen Wesen lieb' ich dich
noch immer.
Bin verzagt,
muss ich doch für immer dich verlassen.
Dein hübsches Bildnis trage ich in mir,
so ist es mir unmöglich,
andere Frauen als dich zu lieben.

Dich zu lieben, dich vergessen zu müssen.
Dich zu lieben, dich nicht vergessen zu können!

Du berauschst mich, lässt mich taumeln.
Denke ich so sehr an dich,
an deine zarten, unschuldigen Küsse,
Küsse, die mich erkennen ließen,
nicht ihresgleichen deine Liebe hat.
Rein und selbstlos
schenktest du sie mir
und sie wuchs.
Wie kann ich dich je vergessen?

Dich zu lieben, dich vergessen zu müssen.
Dich zu lieben, dich nicht vergessen zu können!

Der Niedergang der Rose

Dich dort zu sehen, ach,
gesenkt und verwelkt!
Herzzerreißend mein Schmerz.
Meine Rose, während dem Ende entgegen du gehst,
erinnere ich mich an deine Schönheit,
deinen Wohlgeruch,
deine Knospenfrische.
Mit deinem leidenschaftlichen Schwung
erfülltest du mich mit Lieblichkeit.
Vergeblich streichle ich nun mit Charme
über deinen verwelkten Stiel,
richte die geneigten Blätter auf.
Du bist dabei, unsere Welt zu verlassen,
lässt dich in diesem bald vollendeten
Niedergang bewundern.

Dein Universum

Als ich begann
deine Welt zu erforschen,
empfand ich
unendliches Glück.
Dich suchte ich.
Sodann stieß ich auf eine Welt,
meiner eigenen so fern,
wagte mich nicht weiter hinein
ins Innerste,
und kehrte um.
Verloren war ich,
als ich dein Universum
so durchkämmte.
O weh! Verwirrt hab' ich mich,
und mit dir
verlor ich auch dein Universum,
so blieb es unentdeckt.

Wiedervereinigung

In unendliche Weiten,
in unbekannte Universen,
segelten wir,
um uns zu suchen.
Schließlich,
Lichtjahre voneinander entfernt,
erspürten wir uns
und
im Moment eines Lidschlags
vereinigten sich unsere Wege wieder.

Kleiner Gedanke an dich

All mein Gefühl ruht
gebettet
auf dem Kissen
deines Wohlgeruchs.
Deines Duftes Glücksessenz
mich trunken macht,
mich sodann
dem Schlaftrunk gleich,
mit einem Lächeln auf den Lippen,
in Morpheus' Arme
entlässt.

Die Rose gehört dir nicht

Ich lief
auf Dornen,
um eine
Rose
zu pflücken.

Die Schmerzen
der Wunden
wurden unerträglich,
die Rose
fand ich
nicht.

Ein anderer
pflückte sie.

Zustand

Eine Liebe
trägt
in sich
den Kern
der Freude,
des Glücks,
des Lebens
sowie des Schmerzens.

Unterdrückte Liebe

Diese Liebe
war wie eine Knospe,
nicht
wie eine Rose.

Ihr war nicht erlaubt
eine zu werden.

Trümmer

Vor der Abreise
meine Gefühle
ich deinen Händen
anvertraute.
Bei meiner Rückkehr
auf den Boden geworfen,
brutal zertreten hast du sie.
Dieses Wesen betrogen hast du,
es zu nichts reduziert.
Die Männlichkeit und den Geist
hast ungestüm
für immer erstickt.

Das Nichts

Sie erstickte,
bevor
sie Luft zu atmen bekam.
Verfallen,
bevor die Festung
erbaut war.

Blind
war diese Liebe,
bevor sie das Licht sah.

Die Liebe wird schwinden

Die Liebe an einem Tag nicht mehr sicher
auf Füßen wird stehen.
Gebrechen, ungern gesehen,
die Liebe werden verklingen lassen,
sie entkräften, töten.

Die Luft, die Leben zuflößt, sie ersticken wird,
von diesem Atem beraubt, sie in den Tod schwinden wird.

Ohne Licht und Wärme sie in die Dunkelheit
stürzen wird, von Blindheit erschlagen,
von Eiseskälte erstarrt, sie in den Tod schwinden wird.

An dich denkend

Wenn ich sagte:
Ich denke nicht an dich,
so hätte ich gelogen.
Wenn ich sagte:
Ich will dich nicht,
so läge ich falsch.
Wenn ich sagte:
Es gibt dich nicht,
so wäre dies fatal für mich.
Wenn ich sagte:
Ich liebe dich nicht,
so käme das dem Wahnsinn gleich.

Verliebtes Eselchen

Hoffnungslos, verliebtes Eselchen,
den Kopf voller Flausen
suchst du
gedankenverloren
nach einer Erklärung,
die du nie bekommen wirst.
Isoliert von allen suchst du
in deiner rastlosen Gedankenreise
nach ihr,
weißt du doch,
dass du sie niemals finden wirst!
Verliebter Esel du,
verrenn' dich nicht
auf der Suche nach dem Sinn,
der nur noch in deinem Kopf existiert.
Leicht ist es nicht,
mach ein Ende
all dem Schmerz.
Das Vergessen
beschneidet die Freude am Leben,
die Klarheit der Erinnerung
und auch das Leben selbst
mit all seinem Verständnis für das Ganze.
Willst du dich trösten,
so musst du vergessen.
Bewahre dir das Leben wie es ist
mit all seinen Mosaiksteinchen.

Du bist

Du bist
für mich ein wenig
mein Glück,
meine Freude,
mein Kummer,
mein Sorgenkind.

Ich wollte, du wärst
ein wenig
mein Sorgenkind,
mein Kummer,
meine Freude,
unser Glück.

Der Gefühlsausbruch

Die Ketten meines Herzens,
die mich an dich binden,
brechen werde ich.

Von deiner quälenden,
erdrosselnden Liebesfessel
mich befreien werde ich.

Es ist sublim

Mein Gefühl
liegt
auf einem Kissen aus Rosen.
Der Duft
berauscht mich, verleiht mir Glück.
Sanft,
mit einem Lächeln auf den Lippen,
einschlafen
es mich lässt und mich erhebt
in die Glückseligkeit.

Gemütsbewegungen

Nächtliche Fahrt

Heftig heult Äolus,
prasselnd fällt der Regen,
das gleißende Licht
der Blitze
erhellt meine Straße.
Und...
in der dunklen Stille
der Fahrt
sprichst du mir Mut zu,
begleitest mich
in meinen Gedanken.

Regennacht

Regenbäche, sich überstürzend,
durchbrechen die Stille der Nacht,
locken
dieses vom Schauspiel gefesselte Individuum
im Pyjama
hinter den Fensterscheiben
hinaus vor die Tür.
Seltsam, als es freiwillig
gekrümmt steht unter dem Schirm,
der Regenrausch
jegliche Körperlichkeit
ihm nimmt,
es vergeistigt,
unabhängig von Zeit
und endlosem Raum.

Die Faulheit

Seit einigen Tagen
diese entsetzliche Faulheit
mich in Besitz genommen hat.
Verleitet den Blick nicht zum Lesen,
führt die Hand nicht zum Schreiben,
spornt nicht zur Eingebung an.
Das Verdummen steht an der Tagesordnung!
Sie hat entzogen
dieser Kreatur ihren Nutzen,
den sie Jahrzehnte lang besaß,
während auch tiefe Furchen
ihr Antlitz versehen:
Sie verleitet nicht einmal dazu,
sich die Beine zu vertreten,
noch führt sie zu Redseligkeit,
nicht einmal am Telefon.
Träge wird sie sogar
in dem Zwang zu essen.
Die einzige Anstrengung
ist der Schritt in den Garten,
wo der übliche grüne Rasen,
berührt und leicht umhüllt
vom Nebel,
alles langweilig werden lässt.
Wieder drinnen, fährt die Faulheit fort,
mich zu beherrschen, auch heute.
Ach, was für Tage, unbedeutend
und ohne Sinn.
Zum Glück ist sie endlich

abgefallen, von alleine!
In diesem Moment,
ganz fleißig lass ich alles heraus und schreibe
diese Zeilen.

Innere Ruhe

Nach einer unruhigen Nacht
der heitere Tag anbricht.
Diese Boote, die überqueren
den Meereshorizont,
diese Inseln
mein unduldsames Gemüt
begleiten und versüßen.
Dort unten der Fischer,
von diesem Wesen beobachtet,
das Netz auswirft,
in mir fischt, was ich selbst nicht fand.
Ruhe und Dankbarkeit.
Das Meer
mit sanfter Harmonie
die braunen und nackten Steine
berührt, mich
harmonisch umwickelt,
bis alles eins wird.

Morgensüße

Durchs Fenster
stiegst du
heute Morgen
mit den ersten Strahlen
der Sonne.
Licht brachtest du
und Wärme
diesem Herzen,
den Geist belebtest du.
Unschuldig, rein,
streifte dein Kuss
meine Lippen.
Mit heiliger Macht
keimt hoffnungsvoll
ein neuer Tag auf.

Aus dem Fenster der Frühling

Da draußen,
wie oft zuvor,
war der Frühling schon zu spüren.
Die strahlende Sonne,
die Zickzackflüge der Schwalben,
das Tschilpen der Spatzen.

Aber diesmal
ist mein Frühling
schon vorbei.
Bist du doch davongeflogen
in fremde Wärme,
ohne ein Zwitschern.

Die gerade neu begrünten Zweige
dieses stolzen Stammes
werfen plötzlich alles Grün von sich,
eine stechende Kälte verbreitend.
Eine quälende Stille
klingt in mir,
um mich herum.

Freude zu Tisch

Eine Scheibe Schinken,
ein Stück Käse,
so schmecke ich
die Essenz deiner Liebe.
Kleinigkeiten am Tisch,
die du mir schenkst,
meine geliebte Frau.

Kurze Augenblicke

Augenblicke des Glücks,
schwer zu beschreiben.
Nur zu genießen.

Nur Mut!

Ist alles um dich her auch dunkel,
so verzweifle nicht!
Es gibt ihn nicht,
den Lichtstrahl, den du suchst,
selbst wenn,
so könnt' er dich auch blenden.
Erfreue dich an dem Schimmer,
der zaghaft sich
den Weg durchs Fenster bahnt.
Du wirst sehen,
lächelnd kommt er dir entgegen,
erleuchtet kraftvoll deine Seele
und schenkt dir
Lust,
Stärke,
Freude am Leben.

Allein

Schlimm war es,
als Du mir
die Wunden
in meinem Herzen
verursachtest.
Am schlimmsten war es,
dass Du sie
nie heiltest.
Sie bluten immer noch.
Aber!
Ich muss,
ich allein,
die Wunden heilen.

Der Sturz der tragenden Säule

Die tragende Säule meines Lebens
all meine Gefühle,
die auf ihr stützten,
in Trümmer zerbrechen ließ.
Die tragende Säule meines Lebens,
sie selbst in zwei zerbrach,
wie Laub still und heimlich
vom Wind verweht.
Der Baum ohne Laub
nun dort steht,
ohne Liebe.
Unter dem Sturz
ein verletztes, zermalmtes Herz
nun schlägt, leidet,
gereizt vom hoffnungslosen Ende.

Unglaublich

Die tragende Säule,
an die ich glaubte
mich lehnen zu können,
erwies sich als Pappmaschee.

Die Leere,
die daraufhin
in mir entstand,
brachte sie
zum Einsturz.

Glück

Es ist wahr,
dass es dich gibt.
Flüchtig jedoch
ist deine Existenz.
Richtest du Unheil an
beim Menschen,
der dich belügt?
Für mich
als Mensch,
der ich bin,
unerlässlich
du bist.

Die leisen Klänge

Leise Klänge des Klaviers
in dieser trägen Nacht ohne Trost
meine Liebe
in die höchsten Himmel
erheben,
sie allgegenwärtig werden lassen,
bis in jeden Winkel der Unendlichkeit.

Die Stille

Hinaufgeklettert bin ich,
begleitet vom Mond,
majestätisch und stumm,
hofiert von Sternen er steht.
Den unsichtbaren Tieren
entlang des Weges
lausche ich,
schemenhaft
sehe ich Bäume,
sich in einem süßen Traum wiegen.
Ich höre die Stille
im Schimmer dieser Nacht,
die mir zärtliche Worte zuflüstert.
Ein wenig Glück
kannst du genießen,
wenn du eins wirst
mit dieser Stille.

Morgenröte

Auf meinem Meer
schön und majestätisch
sie jetzt erscheint.
Die ersten Strahlen
mit dem neuen Tag vereint,
der soeben entstehen will,
nein, entstehen muss!
Sie davon kündet,
wie ein neues Leben
reich an Hoffnungen
erstrahlen wird.

Er

Nun,
wie ein Siebenschläfer
aus dem langen,
süßen Winterschlaf
erwacht,
wittert man,
dass die bittere
Realität
zurückgekehrt
ist.

Nach einer Genesung

Mein Freund, wenn ein Wink
als Lebenszeichen gilt, hier bin ich.
Ich bin da für dich!
Ohne Hintergedanken sage ich:
Ich bin noch auf Erden,
um dir zu bringen und zu zeigen
meine Zuneigung. Vielleicht sogar
um mit einem Scherz,
schelmisch aber liebevoll,
unser Zusammensein zu genießen.
Immerwährend ist die Freude!

Einem schweigsamen Freund

Mein Freund, dein Schweigen,
auf deinem wehmütigen Antlitz,
tausend Worte beschreiben.
Bin ich in der Lage,
nur eins davon zu lesen und zu erfassen,
den Kern deines Kummers,
so will ich an deiner Seite sein,
um dir bei der Flucht aus
deiner Drangsal zu helfen.
Dieses ungeheure Enigma
quält mich immerfort.
Unvorbereitet wie ich bin,
mir fällt es schwer zu lesen
den Tränenfluss auf deinem Antlitz.
Doch eröffnete sich mir
der Zustand deines Gemüts,
würde ich leiden,
sogar mehr als du, vielleicht!
Eben deswegen tust du es nicht.
Deine Leiden zu teilen, aber,
begehre ich.

Wenn die Tränen sprechen

Deine Tränen sprechen
die Sprache des Schweigens
der trüben Seele,
die auf Deinem Antlitz
beschrieben ist.
In eine Schatulle
habe ich deine tiefen Gedanken
gefüllt,
um das Glück,
das Du mir gabst
zu bewahren.

Entfernung und Berge

Das endlose Tränenmeer,
meine Hoffnung dich wiederzusehen
erschüttert hat.
Tausend Dinge, warme Umarmungen, aufregende Küsse,
mit Herzklopfen und Entzücken
hätt' ich dir gern erzählt.

Der Sand im Wind unpassierbare Dünen
wie Berge in der unendlichen Wüste errichtet hat,
um zu verhindern das Verschmelzen
unsrer währenden Leidenschaft.
Mit Stolz der Wind unsere Liebe verneint.

Nur, wenn ich in den weiten Horizont schaue,
meine Gedanken dein Antlitz erblicken,
in der Unendlichkeit des blauen Himmels,
im Licht der Sonne zu dir reiten.
Deine Nähe zu fühlen begehre ich.
Noch immer gibst du mir Hoffnung
auf Zusammensein.

Dein Gemüt und deinen Körper suche ich immerfort.
In den Mäandern der Welt, mit verzweifelten Schreien,
suche ich dich vergebens, verliere mich darin.
Notwendig ist es, die ewige Verschmelzung zu erleben,
von zweien, die einander suchen mit immenser Gier.

In der Ferne

Selbst in der Ferne
behalte ich dich oft,
wie sonst immer,
in meinen Gedanken,
verfolgt von diesem Leben,
das dahinfließt und
schnell außer Kontrolle gerät.

Phantasie

Am Meer,
der weiße Schaum
der großen Wellen,
am Ufer, bildet
sanft deine Gestalt.
Ich sehe Dich weiß gekleidet,
eine rote Blume
links, auf deinem Ohr.
Du lächeltest graziös,
beruhigtest mich sehr,
wohlige Gefühle
genoss ich und lächelte auch.
Dann,
in deiner himmlischen Umarmung
tröstetest du mich
mit viel Liebe, viel Liebe.

Was für eine Phantasie!

Unter Schmerzen genießen

Beim Hören eines Liedes
tanzen die Noten
durch mich hindurch,
verführen meine Gedanken
in die Vergangenheit.
In diesen wohltuenden Erinnerungen
schreitet die Nostalgie plötzlich ein,
die dankbaren Noten nun giftige Stiche sind,
die so sehr erregen und verletzen.
Ich gebe nicht auf, ihnen zu lauschen!
Unter Schmerzen möchte ich
meine Erinnerung genießen.

Lebensweisheiten

Schau in dich hinein, junger Mann!

Wenn du spuckst,
beleidigst du damit
deine Mutter
und das Andenken
deines Vaters.
Wenn du rumpöbelst,
mit oder ohne Grund,
beleidigst du
die Würde des Menschen.
Wenn du Werte verschandelst,
schadest du dir selbst.
Schau in dich hinein,
junger Mann!

Nutzlose Vollkommenheit

Als junger Mann
in die Welt
ich mich stürzte,
beging tausend Fehler.

Heute,
mein Rückzug aus der Welt.
Keine Fehler mehr.
Wozu dient
die Vollkommenheit?

Ich bin alt geworden.

Wenn eine Frau raucht

Du hast meinen Weg gekreuzt,
meine Nase nahm
voller Begehren
deinen angenehmen frischen Duft
purer Weiblichkeit war.

Ein abstoßender Geruch
jedoch,
nach Zigarettenrauch,
er zerstört
für diesen Mann
all deine Frische,
den Reiz deiner Weiblichkeit.

Alles im Gegenteil, aber nützlich

Im Laufe einer Lebenszeit
baut der Körper ab,
geht dem Verfall entgegen.
Der Geist aber
geht der Perfektion entgegen.
Ist er denn nützlich?
Ja, er nützt, er nützt sehr.
Den anderen Wesen,
die Gebrauch machen von der Weisheit
seines senilen Körpers,
der durch viele Veredelungen
den Glanz der Persönlichkeit erlangte.

Aphorismus

Wer Bescheidenheit besitzt,
besitzt eine große Tugend.

Selbstporträt der Heimtücke

Sie sagt:
„Wenn im Menschen
eine Neigung ich entdecke,
so werde ich Teil von ihr,
in Symbiose mit dem Wesen
das Gute der Welt beherrschend.
Glücklich über das Böse – ach was!
So bleib' ich auf ewig Siegerin.
Denn nicht umsonst
nennt man mich
Perfidie,
die Heimtücke.“

So und nicht anders

Im Augenblicke des Erwachens,
einem Siebenschläfer gleich,
der sich aus seinem süßen Winterschlafe schält,
erkennt er,
dass die bittere Realität
ihn wieder hat.

Verstand und Gefühl

Wie oft
überwiegt der Verstand
das edle Gefühl.

Wie oft
überwiegt das Gefühl,
besiegt die Vernunft.

Die beiden
nach Lust und Laune
ziehen einander an,
entfernen sich wieder,
gegensätzlich
wie sie sind.

Für Franco

Bewusst wir leben,
du und ich,
„den Vortag".
Unser Wunsch
ist zu verschieben,
immer weiter weg,
„den nächsten Tag".

Kurze Augenblicke

Augenblicke des Glücks,
schwer zu beschreiben.
Nur zu genießen.

Das Ende

Überlege! Überlege!
Und zwischenzeitlich,
vom Nebel getrübt,
weiter läuft die Sanduhr,
weiter sie läuft.
Bis zu dem Tag, an dem
Kronos stehenbleibt.
Mit ihm zurückkehrt
die Finsternis,
die abschneidet
vor deinen Augen
den unendlichen Raum.
Auch die Materie
vernichtet sich selbst,
sie errichtet das Nichts.

Die Dichtung

Die Poesie ist

Der höchste Ausdruck
der Poesie
ist der,
den du hinein geschnitzt hast,
und den nicht in der Lage bist
zu entfernen,
um ihn selbst zu externalisieren.

Suche das Gedicht

Wenn zur Linderung
ein Gedicht du brauchst,
suche es!
Wenn du es nicht findest,
suche weiter!
Grabe danach,
dringe tief ein in die Höhle,
und das Gedicht,
welches sich sehnt nach deinem Licht,
wirst du finden!
Mit Lieblichkeit
es ein Begleiter
an deiner Seite wird.